CONSULTATION

POUR

M. DE MAUBREUIL.

PAR Me ISAMBERT,

AVOCAT AUX CONSEILS DU ROI

ET A LA COUR DE CASSATION.

Paris,

IMPRIMERIE DE GUIRAUDET,

RUE SAINT-HONORÉ, N° 315.

1827.

CONSULTATION

POUR M. DE MAUBREUIL.

Le Conseil soussigné,

Qui a lu au greffe de la Cour de cassation toute la procédure instruite contre M. de Maubreuil, à l'occasion des voies de fait auxquelles il s'est porté envers le prince de Talleyrand à Saint-Denis, le 20 janvier 1827, notamment

1° L'arrêt de la Cour royale (chambre des appels de police correctionnelle) du 11 mai, qui, sur les conclusions du prévenu, tendantes à ce qu'il fût procédé à un supplément d'instruction, à l'effet d'entendre, comme témoins, le prince de Talleyrand; Roux Laborie, ex-secrétaire-adjoint du gouvernement provisoire; de Vitrolles, ex-secrétaire d'état; Anglès et Dupont, ex-ministres de la police et de la guerre, et autres,

Et à l'apport au greffe de la Cour royale du dossier du procès instruit à Douai contre M. de Maubreuil, en 1818,

A prononcé dans les termes suivans :

« Considérant, sur le premier chef, qu'à l'exception du prince de Talleyrand, qui a été entendu « dans l'instruction, tous les témoins indiqués par « Maubreuil sont étrangers au fait du 20 janvier

« dernier; qu'ils n'en ont aucune connaissance per-
« sonnelle ; que par conséquent leur audition pa-
« raît inutile ;

« Que néanmoins, si le prévenu estime que l'au-
« dition desdits témoins est nécessaire à l'intérêt
« légitime de sa défense, il a le droit de les faire
« citer à sa requête, ainsi qu'il avisera, comme té-
« moins à décharge, pour comparaître à l'audience;

« A l'égard de l'apport des pièces, que la procé-
« dure faite à Douai n'a avec le fait aucune con-
« nexité; que néanmoins Maubreuil peut, s'il le
« juge convenable, faire compulser cette procé-
« dure sans déplacement, et se faire délivrer au
« greffe de la Cour royale de Douai tous extraits
« ou expéditions de pièces qu'il jugera utiles à sa
« défense;

« Par ces motifs, la Cour, sans s'arrêter aux
« exceptions préjudicielles, ordonne qu'il sera passé
« outre aux débats, et continue la cause au 15 juin. »

2° L'arrêt rendu par la même Cour le 15 juin, qui; sur les conclusions de Maubreuil, tendantes à ce qu'une amende soit prononcée contre les témoins cités à sa requête, et qui sont défaillants, savoir, le prince de Talleyrand, Laborie, Vitrolles, Bourrienne, Anglès, Dupont, Rovigo, etc., au nombre de vingt et un, statue ainsi :

« Attendu que les témoins assignés pour com-
« paraître ne sont tenus d'obéir qu'aux ordres de
« la puissance publique; qu'assignés seulement à
« la requête d'une partie privée et dans son intérêt,

« ils ne peuvent être contraints par les voies légales « de comparution, ni être condamnés à l'amende, « à défaut de cette comparution ;

« Que les art. 80, 157 et 189 du Code d'instruc- « tion criminelle ne s'appliquent qu'aux témoins « assignés, soit en vertu d'ordonnance du juge, « soit à la requête du ministère public ;

« Persistant, au surplus, dans les motifs de « l'arrêt du 11 mai, et sans s'arrêter aux conclu- « sions nouvelles prises par Maubreuil,

« Ordonne qu'il soit passé outre aux débats. »

3° Le pourvoi en cassation formé par M. de Maubreuil, le 18 juin, contre cet arrêt ;

4° L'arrêt par défaut rendu en la même Cour, le 15 juin, qui, sur le refus de Maubreuil de se défendre, le condamne au *maximum* des peines établies par la loi pénale pour les voies de fait dont il s'agit ;

5° La procédure instruite contre M. de Maubreuil, depuis le 21 avril 1814, et terminée à Douai par arrêt du 6 mai 1818, ladite procédure *officiellement* délivrée par le greffier de la Cour royale, au nombre de trente et une pièces, d'où le prévenu fait résulter ses griefs contre le prince de Talleyrand ;

Consulté par M. de Maubreuil sur le mérite de son pourvoi en cassation envers l'arrêt interlocutoire du 15 juin,

EST D'AVIS

Que la Cour royale de Paris s'est mise par cet arrêt en contradiction avec elle-même; qu'elle a faussement appliqué l'art. 80 du Code d'instruction criminelle, et textuellement violé la disposition des art. 153, 157 et 189, 2e alinéa du même Code.

Elle a confondu les pouvoirs du magistrat avec ceux du ministère public agissant pour la poursuite des délits.

Dans le cas de l'art. 80, où c'est un magistrat qui dirige l'instruction, où la découverte de la vérité dépend des lumières que les témoins cités directement par le juge d'instruction doivent donner sur les faits, où le ministère public n'intervient pas encore comme *partie*, rien n'est plus vrai que le défaut de comparution est une désobéissance envers la puissance publique, qui doit toujours être réprimée.

Cette désobéissance ne peut être justifiée que par l'excuse légale d'impossibilité.

Ne pouvant avoir d'autre intérêt que la justice et la vérité, puisqu'il n'est pas et ne peut devenir partie, on ne doit pas craindre que le juge abuse du pouvoir remis en ses mains.

Aussi l'art. 92 lui donne-t-il le droit de décerner contre les témoins défaillants un mandat d'amener, qui s'exécute par l'intervention de la force armée.

Lorsque l'affaire est instruite, que les preuves

sont recueillies, que le soin de la poursuite est remis aux gens du roi, la comparution des témoins cités à leur requête est encore un besoin, une nécessité de la justice. Mais ce n'est pas le ministère public qui est juge de l'infraction; il ne peut décerner aucun mandat d'amener: c'est le tribunal seul qui, sur sa réquisition, peut prononcer l'amende et la contrainte par corps contre le témoin défaillant.

Le tribunal à cet égard use d'un pouvoir discrétionnaire; et la preuve que la citation donnée à la requête du ministère public n'a pas le caractère d'un ordre de la puissance publique, c'est qu'on peut y désobéir, qu'il faut l'intervention d'un autre pouvoir que le sien pour prononcer la contrainte; on ne pourrait se faire un moyen de cassation du refus que le tribunal aurait fait de condamner le témoin défaillant à l'amende.

Le ministère public a ses passions, pour le bien public, sans doute; mais son zèle peut l'égarer: les magistrats inamovibles en sont les modérateurs. Il est des accusations pour lesquelles le ministère public se laisse entraîner plus communément à son zèle, et où la balance n'est pas égale entre la poursuite et la défense; et c'est à maintenir cet équilibre que les magistrats doivent s'appliquer.

Dans les causes qui touchent à la politique du gouvernement, il est naturel de penser que les gens du roi, qui reçoivent de lui leur institution, et qui peuvent être révoqués par lui sans jugement préalable, ne feront pas citer volontiers les témoins à décharge, et ne s'appliqueront qu'à faire triompher l'accusation.

On réclame pour eux la confiance que l'on doit aux magistrats. Mais la loi elle-même a fait la séparation, en ne donnant aux officiers du ministère public que le droit de réquisition. Si dans les affaires civiles, si devant la Cour de cassation, il n'ont d'autre intérêt que la défense de la loi, dans la poursuite des affaires criminelles, ils sont *partie*, et cette qualité annonce assez, malgré leur impartialité habituelle, qu'ils peuvent en épouser les passions. C'est apparemment pour qu'ils se passionnent que la loi leur refuse l'inamovibilité, caractère essentiel du magistrat.

La preuve qu'en ce point leur esprit n'est pas tout-à-fait celui de la magistrature, et qu'ils participent des passions des parties elles-mêmes, c'est le grand nombre de cas où, malgré leurs réquisitions, l'acquittement des prévenus est prononcé. Les tableaux officiels de l'administration de la justice criminelle prouvent combien cette erreur, qui tient non à leur volonté, mais à leur position, est fréquente. Combien la Cour de cassation elle-même ne rejette-t-elle pas sans délibérer de pourvois formés par le ministère public contre les décisions des Cours !

D'ailleurs n'y a-t-il pas un grand nombre de cas où ils sont obligés de poursuivre, contre leur opinion, ceux qui leur sont déférés par le gouvernement? L'art. 274 du code d'instruction criminelle, qui donne au ministre de la justice le droit d'ordonner des poursuites, s'applique à tous les délits ; et comme tous les officiers du ministère public encourraient le reproche de négligence, et par suite la révocation, s'ils attendaient que le ministère de la justice leur enjoignît de poursuivre, il est naturel qu'ils prennent les devants.

Dans de pareils cas, le prévenu, déjà en butte à l'animadversion du gouvernement, demeurera-t-il encore à la discrétion des officiers du ministère public, pour l'audition des témoins qui doivent éclairer la justice sur la réalité des faits?

Si, pour opposer ses témoins à l'accusation, il est réduit à donner une citation que les témoins pourront mépriser, sans craindre d'encourir une amende et la contrainte par corps, que devient le droit sacré de la défense? Combien de fois l'innocence ne pourra-t-elle pas succomber, parce que le ministère public, pour faire triompher son accusation, ou pour ménager les intérêts du trésor, n'aura pas voulu donner la citation aux témoins nécessaires?

Si, conformément au principe adopté par la Cour royale, le ministère public avait reçu seul de la loi la mission d'imposer aux témoins le devoir de comparaître, si le prévenu ne jouissait pas du même droit, il faudrait du moins que la loi eût accordé le remède, qu'elle eût donné les moyens de punir l'abus que ferait le ministère public de son droit exclusif.

Il faudrait qu'une prise à partie pût venger le prévenu du refus qu'il aurait éprouvé.

Mais la prise à partie ne peut être autorisée que dans les cas spécialement autorisés par la loi : c'est ce que la Cour d'Amiens a prononcé dans l'affaire du malheureux Chauvet. Or on ne voit pas que le défaut de citation de témoins soit un cas de prise à partie.

Ainsi l'accusé serait livré à la discrétion de sa partie adverse, tandis qu'entre elle et lui toutes choses doivent être égales, surtout en ce qui concerne la défense.

Nous lisons dans l'arrêt célèbre rendu par la Cour de cassation le 7 décembre 1822, dans l'affaire des quatre journaux, ces principes remarquables, dignes de la première Cour du royaume :

« Attendu que l'obligation imposée à la partie « poursuivante, par l'art. 183 du Code d'instruc- « tion criminelle, d'articuler les faits en raison « desquels elle poursuit, et celle de qualifier ces « faits, n'est que l'application d'un principe de « raison et de justice, commun à toutes les ma- « tières civiles et criminelles ;

« Que ce principe n'a pas été créé par la loi, « mais seulement reconnu et proclamé par elle ; « qu'il est nécessaire à l'exercice du droit de dé- « fense ; qu'il lui est donc substantiel ; que la *pour-* « *suite ne peut être légitime que sous la condi-* « *tion du droit de la défense ;* que ce qui est un « droit de la défense est une obligation pour la

« poursuite ; que cette obligation est surtout ri-
« goureuse et sacrée dans la poursuite des procès
« criminels ; que la partie poursuivante n'en sau-
« rait être affranchie que par une disposition *clai-*
« *re* et *formelle* de la loi. »

Ne peut-on pas appliquer les mêmes principes à l'audition des témoins à décharge, à bien plus forte raison qu'à la simple *qualification légale* des faits, pour laquelle l'arrêt du 7 décembre a si noblement fixé les droits de l'imprescriptible justice.

Quand la société accuse un malheureux, pourrait-elle lui dire sans barbarie, sans violer ouvertement la justice : *Tu ne prouveras pas ton innocence;* la loi ne protégera pas en toi le droit qu'elle t'accorde de faire entendre des témoins.

La Cour royale de Paris, dans son arrêt du 15 juin, a posé en principe général et absolu que
« les témoins assignés seulement à la requête de
« la partie privée, et dans son intérêt, ne peuvent
« être contraints à comparaître. »

C'est-à-dire qu'il n'y aura désormais pour les accusés d'autres témoins à décharge que ceux qui voudront bien comparaître.

Ces témoins, par cela seul qu'ils auront bénévolement comparu, ne seront-ils pas suspects aux magistrats et aux jurés ?

Ce sont les témoins qui mettent de la répugnance à comparaître qui sont ordinairement les meilleurs, parce que, présents à des faits qui ont ému la société, ils en ont été plus émus encore que les autres, et qu'il doit leur être pénible de venir, devant la justice, renouveler leurs sensations. D'ailleurs souvent ces témoins ont des reproches à se faire, soit de n'avoir pas empêché le crime, soit de l'avoir dissimulé; ils peuvent craindre que des suspicions ne s'élèvent contre eux.

On peut affirmer, quand on a étudié la nature humaine, que, si les témoins des faits les plus graves, contraires à la paix des familles ou à l'ordre de la société, avaient le choix de comparaître, ils s'en dispenseraient pour la plupart.

Ainsi, établir en principe général, dans un arrêt, que les témoins cités à comparaître dans un débat criminel, à la requête de l'une des parties, ne peuvent pas être *contraints*, c'est leur donner une prime d'encouragement, c'est désarmer la justice, c'est porter l'atteinte la plus grave aux droits de l'accusé. Comment veut-on qu'un malheureux se justifie si on lui en ôte les moyens?

Que signifient, dans l'arrêt attaqué, ces paroles, que les témoins ne sont pas tenus de comparaître parce qu'il s'agit de l'intérêt de la partie qui les fait citer ?

Est-ce donc que, dans un débat criminel, il n'y aurait d'autre intérêt que celui de faire triompher l'accusation? Est-ce que l'acquittement d'un innocent n'importe pas autant à la société que la condamnation du coupable?

La distinction que la Cour royale de Paris a prétendu faire entre les témoins cités à la requête du ministère public, que l'on qualifie pompeusement de *puissance publique*, et que l'on assimile au magistrat, et ceux cités à la requête de la partie privée, non seulement ne repose sur aucun texte de loi, mais on va voir qu'elle leur est contraire.

L'art. 153, au livre *de la Justice*, titre *des Tribunaux de police*, et chapitre *de la Police simple*, dit qu'à l'audience, les témoins cités, soit à la requête du ministère publics soit à celle de la partie civile, seront *entendus*. Il répète que la personne citée fera entendre ses témoins, si elle en a *amené* ou fait *citer*.

L'art. 157 porte « que les témoins qui ne satisferont pas à la *citation* pourront y être contraints par le tribunal, qui, à cet effet, sur la réquisition du ministère public, prononcera dans la même audience, sur le premier défaut, l'amende, et, en cas d'un second défaut, la contrainte par corps ».

Comme on le voit, la peine établie par la loi, et que le tribunal peut appliquer ou non, se réfère à tous les témoins *cités*. Ainsi les témoins produits par le prévenu y sont compris, comme ceux du ministère public; l'assimilation est complète; aucune distinction n'est établie. Il y a plus : l'art. 157 parle de témoins *cités*, et dans l'art. 153, il n'est question de citation que de la part du prévenu.

Toutefois, nous n'élèverons pas une chicane sur le *mot*, et nous conviendrons que les témoins *appelés* par le ministère public sont compris dans la disposition de l'art. 157. Mais qu'on ne dise pas qu'ils sont plus *privilégiés* que les autres. Où ce privilége est-il écrit? nulle part, dans la loi du moins.

Toute la différence qui peut exister entre le ministère public et les parties privées, aux yeux du tribunal chargé de prononcer les amendes, c'est que ceux-ci abuseront plus ordinairement que le ministère public de la faculté de citer des témoins ordinaires; et que dès lors, il ne doit pas facilement prononcer la contrainte par corps contre les témoins défaillants des parties civiles, surtout lorsqu'il s'aperçoit qu'on veut s'en faire un moyen dilatoire.

Nous reconnaissons cette différence entre les plaideurs ordinaires et la position élevée du ministère public, que nous croyons étranger aux passions vulgaires et communes, qui tout au plus ne peut s'enflammer que par les apparences du bien public. (*Decipimur specie recti....*) Mais en reconnaissant ce point, nous repoussons de toutes nos forces la thèse absolue posée par la Cour royale, que les témoins cités à la requête du ministère public seuls sont passibles d'amende.

C'est une violation manifeste de la disposition de l'art. 157 du Code criminel.

Cette doctrine devient d'autant plus dangereuse

pour l'innocence que le titre de la poursuite est plus grave.

Dans les poursuites tendantes à l'application de peines correctionnelles qui peuvent emporter privation de la liberté pendant cinq années, et privation de certains droits politiques et civils, l'audition des témoins à décharge, *cités* à la requête du prévenu, est une nécessité sociale, parce qu'elle est une condition essentielle de la justice et du droit sacré de la défense.

Aussi l'art. 189, au chapitre *des Tribunaux correctionnels*, reproduit-il les dispositions de l'article 157.

L'art. 190 porte que les témoins *pour et contre* seront entendus, s'il y a lieu, et les reproches proposés et jugés.

Il n'y a donc pas de privilége pour les témoins de la partie publique. On ne peut donc pas, sans violer l'esprit et le texte de cet art. 190, supprimer l'audition des témoins produits *contre* la prévention. Or ce serait la supprimer de fait que d'établir en principe que ces témoins-là ne sont pas tenus de comparaître.

Il faut au contraire que le tribunal connaisse de leurs excuses; il les exemptera de l'amende qu'ils ont encourue par leur défaut de comparution, si l'excuse est légitime.

Devant la Cour d'assises, l'accusé jouit aussi du droit de faire entendre ses témoins. L'art. 315 impose pour cette audition la même condition au ministère public qu'à l'accusé, celle de la notification des noms vingt-quatre heures au moins avant l'ouverture des débats, afin que la faculté de récusation respective ne soit pas une illusion.

L'art. 354 porte qu'en cas de non-comparution des témoins cités, l'affaire pourra être renvoyée à une prochaine session; et l'art. 355, que le seul fait de la non-comparution sera puni d'amende pour la première fois, et de la contrainte par corps pour la seconde, sauf à ces témoins à prouver plus tard qu'ils ont été légitimement empêchés.

Ces deux articles ne font aucune distinction entre les témoins cités à la requête de l'accusé et ceux cités à la requête du ministère public. L'art. 315 impose au procureur-général le devoir de présenter la liste complète des uns et des autres. La disposition est *textuelle*: par où l'on voit que, si les témoins cités à comparaître en justice sont marqués du sceau de la puissance publique, cette marque leur est imprimée par la citation de l'accusé aussi bien que par celle de la partie publique. Nulle distinction n'existe dans la loi. Celle créée par la Cour royale de Paris est imaginaire.

Et pourquoi y aurait-il une distinction?

Est-ce que l'intérêt d'un citoyen menacé dans sa vie, ou au moins dans sa liberté et dans son honneur, puisqu'une peine afflictive et infamante sera le résultat inévitable d'une défense incomplète, ne mérite pas autant de faveur que la poursuite? pourquoi cet intérêt ne serait-il pas aussi grave dans la balance de la justice que celui de la partie publique?

N'est-ce pas assez que dans ce cas l'accusé soit obligé de payer les frais de déplacement du témoin dont il a besoin pour sa justification?

L'art. 321 du code d'instruction criminelle permet, il est vrai, à l'accusé de s'adresser au procureur général, pour que ces témoins ne soient pas à sa charge; mais le procureur-général n'est pas tenu de déférer à cette demande, et l'on a remarqué que, dans les procès politiques, le ministère public est plus sobre à cet égard de citations que dans les autres accusations; les débats étant plus animés, l'impartialité des deux parts est naturellement moins grande.

Voilà pourquoi il est nécessaire que les magistrats s'appliquent à tenir la balance égale entre l'attaque et la défense.

L'intérêt qu'inspire et que doit inspirer à tout ami de l'humanité la position d'un homme soumis à un débat criminel est si vif, que l'on verrait une partialité véritable dans le fait du juge qui refuserait à l'accusé l'appui de son autorité pour contraindre les témoins par lui cités à comparaître, tandis qu'il l'accorde à la partie publique : on croirait avec raison l'innocence sacrifiée.

Aussi la loi n'a-t-elle pas permis dans les affaires du grand criminel que les juges usent du pouvoir discrétionnaire de ne pas condamner les défaillants à l'amende, faculté qui leur est laissée dans les affaires correctionnelles et de simple police. L'art. 355 *oblige* les cours d'assises à prononcer l'amende contre tout témoin défaillant qui a été régulièrement cité. Il en est de même dans le cas prévu par l'art. 304, où le président des assises de son chef fait entendre des témoins pour compléter l'instruction.

En matière correctionnelle, où le prévenu et la société éprouvent un moins grand préjudice de la défaillance d'un ou plusieurs témoins, la condamnation de ceux-ci à l'amende est *facultative*. (Art. 157 et 189.)

C'est cette faculté, délaissée par la loi aux magistrats de police, de ne pas prononcer cette amende, qui est le remède à l'abus que pourrait commettre la partie privée, en faisant citer à sa requête des témoins inutiles.

Les tribunaux correctionnels peuvent, en ce cas, passer outre, en exprimant le motif pour lequel l'audition ne paraît pas nécessaire.

Si donc la Cour royale de Paris, au lieu d'établir en thèse absolue que les témoins cités ne sont tenus de comparaître qu'autant qu'ils sont appelés par la puissance publique, et de considérer le ministère public comme seul représentant en cette partie de la puissance judiciaire, avait réservé pour elle ce pouvoir si important; si elle s'était bornée à déclarer en fait que tout ou partie des témoins cités à la requête de M. de Maubreuil n'étaient pas utiles à la décision de l'affaire, leur arrêt pourrait être entaché de quelque injustice, mais il serait à l'abri de la cassation.

Mais de la manière dont il est rédigé, cet arrêt viole ouvertement les dispositions des art. 153, 157, 189, 190, 315 et 354 du code d'instruction criminelle.

Cette violation emporte nullité, parce que l'audition des témoins est inhérente au droit de la défense ; elle est une formalité substantielle.

Le code du 3 brumaire an 4 était plus sévère que le code de 1808 sur la comparution des témoins : l'art. 122 de cette loi porte que ceux qui ne comparaîtront pas sur la citation à eux donnée par le juge instructeur, et à l'heure qu'elle indique, seront de suite contraints par un mandat d'arrêt, et, après audition, envoyés en prison. Du reste les dispositions sont semblables.

L'art. 14, titre VI, du code du 29 septembre 1791, dispose que les témoins sont tenus de comparaître sur l'assignation qui leur a été donnée, sous peine d'amende et de contrainte par corps, lesquelles peines seront prononcées, selon les cas, par les officiers de police, tribunal de district ou tribunal criminel, devant lesquels les témoins auront été assignés.

Les témoins produits par les accusés sont à cet égard placés sur la même ligne que ceux de l'accusateur public. (Art. 12, *ibid.*)

Depuis que le secret de la procédure criminelle

avait été introduit par l'ordonnance du chancelier Poyet, de 1539, les accusés n'étaient pas admis à faire entendre leurs témoins à décharge; mais le ministère public n'en produisait pas non plus ; toutes choses étaient au moins égales entre l'accusation et la défense; le juge faisait seul l'instruction; seul il se regardait comme constitué par la loi défenseur des intérêts de l'accusé et de ceux de la société; cela même parut un abus grave.

Ce fut un des premiers abus corrigés par le décret de l'assemblée nationale du mois d'octobre 1789, qui a commencé la réforme de notre jurisprudence criminelle. L'art. 19 de ce décret porte « que l'accusé aura droit de proposer en tout état « de cause ses moyens et faits justificatifs ou d'atté- « nuation. Les témoins qu'il voudra produire, sans « être tenu de les nommer sur-le-champ, seront « entendus publiquement, et pourront l'être en « même temps que ceux de l'accusateur, sur la « continuation ou addition d'information (c'est- « à-dire pendant l'instruction).

« Art. 20. Il sera libre à l'accusé ou d'appeler « les témoins à sa requête, ou de les indiquer au « ministère public, pour qu'il les fasse assigner ; « mais, dans l'un ou l'autre cas, il sera tenu de com- « mencer ses diligences ou de fournir l'indication « de ses témoins dans les trois jours de la significa- « tion du jugement qui aura admis la preuve. »

Aujourd'hui l'accusé n'a pas le droit de produire ses témoins pendant l'instruction, qui est devenue secrète : c'est le juge instructeur qui fait à cet égard ce qu'il juge convenable. C'est un motif de plus de ne pas entraver leur audition, lorsque le débat devient public.

Avant l'ordonnance de 1539, les accusés en France jouissaient d'une grande latitude : ils avaient le droit de faire entendre toute espèce de témoignages ; la loi Salique, promulguée sous Clovis et confirmée sous Charlemagne, et les Établissements de saint Louis, le prouvent.

Depuis, les avocats du roi furent, comme ils sont encore en Angleterre, réputés partie privée, lorsqu'ils poursuivaient les délinquants pour les faire condamner à l'amende envers le roi et pour faire prononcer la confiscation de leurs biens, alors très fréquente. On eût regardé comme un outrage à la justice l'opinion que les seuls témoins cités à la requête des gens du roi sont tenus de comparaître.

Si le ministère public a aujourd'hui acquis plus d'importance, s'il est dégagé de tout intérêt fiscal ou domanial, il lui reste encore parfois des intérêts d'une autre nature à satisfaire, et ces intérêts peuvent l'emporter sur les intérêts de l'accusé, ou les lui faire méconnaître, ou les lui faire oublier ou négliger : c'en est assez pour que le droit reconnu par la loi, dans la personne des accusés, leur soit conservé intact ; il faut du moins que dans tous les cas les magistrats seuls soient juges, et non le ministère public, de l'abus qu'ils pourraient faire de leur droit.

Tels sont les principes généraux qu'il nous a paru nécessaire d'établir dans l'intérêt général des accusés, sans égard à la cause particulière de M. de Maubreuil.

Il est temps de lui en faire l'application, et de répondre aux motifs subsidiaires de l'arrêt de la Cour royale, motifs qui sont plus de fait que de droit.

Cette Cour, en rejetant les conclusions du consultant, tendantes à ce qu'une amende fût prononcée contre les témoins défaillants, et à ce que les débats fussent ajournés, a dit, indépendamment des motifs de droit, qu'elle persistait *au surplus* dans les motifs de son arrêt du 11 mai. (1)

Nous nous sommes reportés à cet arrêt, et nous avons vu avec satisfaction que la Cour de Paris reconnaissait alors le principe qu'elle a méconnu depuis, savoir, que, si l'audition des témoins par lui indiqués rentrait dans l'intérêt *légitime* de sa défense, il avait droit de les faire citer à sa requête, pour qu'ils comparussent *à l'audience.*

L'art. 153 du Code criminel distingue entre les témoins *que le prévenu amène à l'audience, et ceux qu'il fait citer.*

Ceux qu'il amène sont des témoins *volontaires.*

Ceux qu'il fait citer sont des témoins *nécessaires.*

Lors donc que la Cour de Paris disait, le 11 mai,

---

(1) La Cour de cassation, par ce motif, a ordonné par un arrêt préparatoire, l'apport à son greffe de cet arrêt.

qu'il avait droit de faire *citer* les témoins qu'il croyait nécessaires à sa défense, pour qu'ils comparussent à l'audience, la Cour de Paris entendait sans doute qu'ils seraient contraints, par les voies ordinaires et de droit, à comparaître ; autrement la citation n'équivaudrait qu'à une simple invitation.

Or on sent ce que peut être une invitation dans la position légalement et moralement malheureuse où se trouve M. de Maubreuil, vis-à-vis des personnages qu'il appelle dans le sanctuaire de la justice, pour répondre à ses interpellations.

La Cour royale de Paris a dit que l'audition de ces témoins paraissait inutile, parce qu'à l'exception du prince de Talleyrand, aucun d'eux n'avait été présent aux voies de fait pour lesquelles il est aujourd'hui poursuivi.

Elle a donc reconnu, au moins implicitement, que la citation donnée à ce témoin était fondée sur un motif légitime ; et cependant, par son arrêt du 15 juin, elle a annulé la citation donnée à ce témoin, comme toutes les autres. Serait-ce parce que, dans le cours de l'instruction, ce témoin aurait fait non une déposition, mais une déclaration sur l'état de sa santé? Mais il reste toujours à l'entendre sur le point de savoir si c'est un soufflet, ou un coup violent qui lui a été donné par le prevenu ; s'il y a eu ou non provocation. L'audition d'un témoin important dans l'instruction ne dispense jamais de l'entendre à l'audience lors du jugement définitif. C'est là que sa déposition doit justifier aux yeux de la société la légitimité de la condamnation. La loi a voulu que les accusés fussent jugés non d'après l'instruction écrite, mais d'après le débat oral ; ce principe est si certain, qu'un jugement serait cassé si aucun témoin n'avait été entendu à l'audience, bien que l'instruction fût complète.

Si, dans cet arrêt du 11 mai, la Cour de Paris avait déclaré que l'audition des autres témoins était inutile, il y aurait chose jugée. La décision serait injuste peut-être envers un accusé dans la position de Maubreuil, mais non sujette à cassation.

Mais dans l'arrêt du 11 mai, la Cour de Paris a dit seulement que la déposition de ces témoins *paraissait inutile :* elle ne l'a donc pas rejetée ; elle s'est donc réservé le droit de prononcer plus tard sur ce point, après un mûr examen. Or l'arrêt du 15 juin ne rejette pas l'audition de ces témoins comme inutile, mais uniquement parce qu'ils ne sont pas cités à la requête de la partie publique.

Le moyen de cassation reste donc intact.

Il y a d'ailleurs un vice dans cet arrêt du 11 mai : de ce que les témoins cités par M. de Maubreuil n'auraient pas été présents à l'acte du 20 janvier, s'ensuivrait-il que leur audition serait inutile ?

Les lois pénales ont presque toutes leur minimum et leur maximum : même quand un fait est prouvé à la charge d'un prévenu, il lui importe d'en expliquer les circonstances morales, afin qu'on ne lui applique que le minimum s'il est reconnu coupable.

Quand même, par suite d'une condamnation antérieure, qui d'ailleurs aurait une connexité morale avec l'accusation actuelle, il y aurait nécessité pour le juge d'appliquer le maximum, il y aurait encore pour le prévenu un droit sacré : celui de se justifier moralement du fait, d'écarter de sa personne et de sa famille le déshonneur dont il est menacé.

M. Royer-Collard l'a dit avec autant de précision que de vérité, le premier droit d'un accusé est que ses concitoyens connaissent sa justification.

En effet, quand même il aurait violé les lois de son pays, il n'en serait pas moins digne de commisération, s'il avait été entraîné par *un mouvement* dont l'homme n'est pas maître, et si ses souffrances excédaient les peines réservées à son délit. La commisération appelle la pitié, puis l'intérêt, puis la grâce. La justice humaine peut être désarmée aussi bien que la justice divine.

La loi punit l'homicide même commis sans intention criminelle, par simple imprudence : est-il donc indifférent pour un prévenu d'établir dans ce cas sa justification morale ?

Celui qui sans provocation se livre à des actes de violence envers les personnes mérite l'animadversion de ses concitoyens, s'il ne prouve qu'il a été provoqué.

Pourquoi le duel, si contraire aux lois de l'humanité et à l'ordre social, n'est-il pas puni? Est-ce que le législateur aurait pensé qu'il est des injures dont la réparation ne peut être obtenue judiciairement, et que cependant l'honneur ne permet pas de laisser impunies; et que, dans ce cas, il fallait laisser sommeiller les lois pénales?

M. de Maubreuil s'est-il trouvé dans l'un de ces cas ? Telle est la question légale et morale de ce procès.

Attaquer un vieillard à l'improviste, lui porter un coup et le renverser, est un acte par lui-même si odieux, qu'il a besoin d'une justification bien précise et appuyée de faits.

M. de Maubreuil suppose que, dans une circonstance grave, celui qu'il a frappé aurait abusé de sa jeunesse, de l'exaltation de ses idées, de mécontentements long-temps fermentés, aigris par la perte de sa fortune, et l'aurait poussé dans une entreprise de la nature la plus audacieuse, et même la plus criminelle, qui l'aurait déshonoré aux yeux du monde; ce personnage serait pour lui la cause de treize années de persécution, d'emprisonnement, et d'exil, et il ne lui resterait plus aucune ressource pour l'avenir, pas même l'estime des gens de bien.

Ce reproche est bien grave, bien poignant. L'honneur est un bien si précieux pour ceux qui, par leur éducation, doivent en avoir conçu fortement le sentiment, que, quand il est perdu, sans espoir de le recouvrer en se justifiant, il ne reste plus qu'à mourir : c'est une mort morale, et presque civile, que la perte de l'honneur.

En voilà plus qu'il n'en faut pour mettre une imagination toujours exaltée, et aigrie par le malheur, hors d'elle-même, et pour la porter à consommer un acte de violence.

Il existe une commission *secrète* donnée à M. de Maubreuil le 16 avril 1814, postérieure de quelques jours à l'abdication de Napoléon Bonaparte et au traité de Fontainebleau, antérieure au départ de cette famille du territoire de la France.

Cette commission est signée de deux ministres du gouvernement provisoire, et accompagnée de la faculté de requérir tous les chevaux de poste, de mettre en mouvement les armées française, russe et prussienne, ainsi que toute l'armée de la police.

Elle est datée du jour où le personnage dont il s'agit, encore président du gouvernement provisoire, remettait ses pouvoirs dans les mains du prince lieutenant-général du royaume, qui lui conservait le second rang dans l'état.

On ne peut supposer qu'il l'ait ignorée, et que deux ministres aient agi par d'autres ordres que les siens, surtout que les généraux commandant les armées étrangères eussent déféré alors à une invitation purement ministérielle.

Le caractère secret de la *mission* donne lieu aux plus étranges conjectures.

La justice elle-même a dit qu'elle n'avait pas pour but la rentrée des fonds enlevés de Paris et des caisses publiques au moment de la prise de Paris ou depuis, puisqu'un arrêté du gouvernement provisoire du 9 avril, publié le 13 par le *Moniteur* et le *Bulletin des Lois*, avait délégué des pouvoirs suffisants aux fonctionnaires ordinaires, civils et militaires.

Le commencement d'exécution qu'elle a (1) reçu, et qui n'a pas été blâmé dans son principe, prouve qu'elle se rattachait à la famille de l'empereur déchu.

Il n'a pas été blâmé par la justice. En effet, l'ordonnance de la chambre du conseil qui, le 3 décembre 1814, a, la première, prononcé à cet égard, n'a pas incriminé, comme elle aurait pu le faire, M. de Maubreuil et ceux qui l'assistaient, de vol à main armée sur un chemin public; elle l'a qualifié de simple abus d'un mandat conféré par un gouvernement; et en définitive, le 6 mai 1818, Maubreuil, seul d'entre tous, n'a été condamné (par contumace) que sur prévention d'avoir détourné une partie des objets saisis, et nullement pour la capture qu'il avait faite. Toutes les poursuites criminelles requises contre lui ont été pour ainsi dire civilisées.

En 1814, l'on paraît avoir cherché à l'ensevelir

---

(1) Lettres de Maubreuil aux deux ministres Anglès et Dupont, sous la date du 24 avril 1824, avant son arrestation.

dans le *secret*. Plus tard, lorsque les poursuites eurent leurs cours, il put trois fois s'évader des prisons.

Quoi qu'il en soit, M. de Maubreuil demande à faire expliquer contradictoirement devant la justice 1° Roux Laborie, qui, dans les jours de la mission, remplissait le poste de secrétaire adjoint du gouvernement provisoire, et qui dans ses lettres ne cessait de s'autoriser du nom du prince de Talleyrand;

2° Le général Dupont et le comte Anglès, ministres de la guerre et de la police, qui doivent savoir par l'ordre de qui ils ont signé la mission, et pourquoi elle a été secrète.

Un ministre ne peut pas délivrer des ordres secrets de cette importance, et mettre en mouvement d'aussi grandes forces, sans l'ordre direct du chef de l'état ou de son représentant.

Les ordres avaient-ils un but honorable, conforme au traité de Fontainebleau et aux lois de la France? Quoiqu'une mission *secrète* soit suspecte d'illégalité, nous devons le supposer, jusqu'à preuve contraire.

M. de Maubreuil, qui demande à faire cette preuve, prétend qu'il n'a été persécuté si rudement que parce qu'il ne l'a pas exécutée, et qu'il a senti à temps ce que cette mission avait d'illégal, depuis qu'un traité garantissait les biens et la personne de tous ceux qu'elle concernait. Il paraît même qu'il a déposé une plainte en justice pour arriver à la preuve du fait qu'il articule.

Il ne nous appartient pas d'en préjuger le mérite, et de rechercher s'il y a ou s'il n'y a pas dans notre législation des dispositions pénales applicables à ceux qui auraient mis la force publique, nationale et étrangère, en réquisition, pour exécuter le projet qu'on n'osait encore avouer, et qui a reçu un commencement d'exécution.

Ce que nous avons à dire, c'est que M. de Maubreuil a le plus grand intérêt à éclaircir les motifs qui ont pu le porter à l'acte de violence pour lequel il est poursuivi, et à prouver une véritable provocation.

La mission secrète peut avoir une connexité avec cet acte, que sans cela on ne saurait expliquer, que peut-être, en l'expliquant, on ne pourra encore justifier ; mais si celui qui se fait justice à lui-même devant la loi est coupable, l'art. 19 de la loi du 3 novembre 1789 lui donne le droit de proposer en tout état de cause ses faits justificatifs ou d'*atténuation.* On ne peut pas le ravir à un accusé.

L'honneur d'une famille est intéressé à ce que des faits couverts d'un voile ténébreux soient éclaircis.

Il nous semble que la justice, qui doit son appui au faible contre l'homme puissant et en crédit qui se tait, pouvait trouver dans ces circonstances un motif légitime d'ordonner la comparution des témoins cités, et que c'est ce que la Cour royale de Paris aurait fait, si elle n'avait pas été arrêtée par le faux principe qu'elle ne pouvait condamner à l'amende les témoins défaillants. Quant à l'objection tirée des dignités dont les témoins cités sont revêtus, ce n'est pas une difficulté sérieuse, un obstacle légal à leur audition : il est facile de remplir les formalites prescrites par la loi.

S'il est sans exemple, selon M. Legraverend, que des ministres à portefeuille en exercice de leurs fonctions aient comparu devant les tribunaux comme témoins ; il ne l'est pas que des ministres d'état, des pairs de France (qui sont plus peut être que des ministres d'état, puisqu'ils jouissent d'une magistrature héréditaire), aient déféré à des citations de cette nature.

On cite même une affaire dans laquelle ils ont paru sans le cérémonial prescrit par le décret du 4 mai 1812 (4e trimestre des assises de 1815. Moniteur du 21 novembre), apparemment parce qu'ils n'étaient pas chargés d'une administration publique.

En 1822, le préfet de police a comparu comme témoin devant la Cour d'assises de Paris, avec le cérémonial prescrit.

Le prince de Talleyrand, en sa qualité de grand-chambellan, est grand-officier de la couronne; mais, aux termes de l'art. 517, il ne peut être affranchi que par une ordonnance du Roi de la nécessité d'obéir à la citation.

EN RÉSUMÉ,

Quels que soient les torts de M. de Maubreuil, il faut avouer qu'il a bu jusqu'à la lie le calice de l'infortune. Selon son récit, arrêté le 25 avril aux Tuileries, où il avait été invité de se rendre par un ordre autre que celui du magistrat (1), il est resté 22 jours *au secret* dans une maison de détention non autorisée par la loi (la salle St-Martin).

Bien qu'il dût être conduit sur-le-champ devant un magistrat et interrogé dans les vingt-quatre heures, la procédure ne paraît avoir commencé que le 27 juillet. — Il n'a été remis en liberté que le 18 mars 1815, la veille de la rentrée de Napoléon Bonaparte aux Tuileries. — Arrêté de nouveau le 26 mars, il est encore resté vingt-deux jours dans la salle Saint-Martin, d'où il est parvenu à s'évader le 18 avril, et à se rendre auprès des princes en Belgique, où de nouvelles tribulations l'attendaient.

Au mois de mai 1815, le commissaire Semallé l'a fait arrêter à Gand, et il n'a dû sa liberté qu'à l'intervention du gouvernement belge, qui vit un attentat au droit des gens dans son arrestation. De retour en France après la deuxiè-

---

(1) M. le ministre de la police Auglés, se vante, dans sa lettre au président de la Cour royale, du 17 juin 1827, d'avoir ordonné cette arrestation. Maubreuil eût-il été assassin ou parricide, ce droit n'appartenait qu'au juge d'instruction, attendu que le crime n'était pas flagrant.

me restauration, arrêté de nouveau au Mans par ordre du préfet (M. Jules Pasquier) le 23 avril 1816, il est parvenu une seconde fois à s'évader le 26.

Arrêté pour la troisième fois le 11 juin 1826 à Vaucresson, par suite des recherches de la police, il est resté au même dépôt pendant 8 jours, à la Force pendant 270 jours; puis il a été conduit dans les prisons de Rouen et de Douai, d'où il est parvenu à s'évader le 1er janvier 1818, mais pour se condamner lui-même à l'exil, où il a végété dans la misère. — De retour d'Angleterre, il a été arrêté, pour la quatrième fois, le 22 mai 1823, conduit à l'hopital Saint-Lôuis, et mis en liberté le 10 juin, à condition de s'expatrier en Belgique. Arrêté dans ce pays comme déserteur au mois de septembre, il ne recouvra que difficilement sa liberté. Arrêté pour la sixième fois à son retour en Belgique, le 1er avril 1825, il a encore été détenu cinq jours illégalement dans le dépôt de la Préfecture.

L'année 1827 est arrivée pour lui sans qu'il ait pu se réhabiliter, et trouver soit dans les amis qu'il croyait avoir conservés, soit dans son industrie, les moyens d'assurer son existence pour le reste de ses jours.

S'il est coupable de tout ce dont on l'accuse, il subit sans doute le châtiment réservé à ceux qui, dans des temps de crise, se livrent corps et âme aux roués de la politique. Ce sera un exemple de plus à ajouter à ceux que fournit l'histoire. Mais s'il est innocent, qui ne gémirait pas de si longues infortunes subies pour le crime d'autrui? qui pourrait avoir la barbarie de lui refuser les moyens de se justifier, et de conjurer la justice humaine prête à le frapper encore?

Délibéré à Paris, ce 15 juillet 1827.

ISAMBERT.

En adhérant aux solutions énoncées dans la consultation ci-dessus, l'avocat soussigné croit devoir prévenir une objection qui n'est pas sans quelque gravité. « Peut-on mettre à la discrétion « d'un prévenu tous les habitans du territoire « français, et les contraindre, peut-être pour obéir « à un simple caprice, à des déplacemens souvent fort onéreux? » Nous répondrons : 1° Que la loi a prévenu cet abus en laissant au tribunal saisi la liberté de prononcer ou de ne pas prononcer l'amende et la contrainte par corps; —2° Que, si la loi n'eût pas pris cette précaution, ce serait, dans ses dispositions, une lacune fâcheuse qu'il faudrait réparer; mais qu'en attendant, ses prescriptions n'en devraient pas moins être exécutées; que, d'ailleurs, cet inconvénient serait moins grave encore que l'effrayante inégalité qui résulterait, entre l'accusation et la défense, du système contraire.

BERVILLE.

ADDITION A LA CONSULTATION.

La Gazette des tribunaux du 20 juillet rapporte un jugement du tribunal correctionnel de Versailles qui confirme la doctrine exposée ci-dessus.

Parmi les témoins cités à l'appui d'une plainte portée par un abbé d'Ors se trouvait un vicaire-général, qui ne comparut pas, quoique cité deux fois à la requête de la partie civile. M. de Beaumont, avocat du Roi, a requis la condamnation de ce témoin défaillant à l'amende, parce que la loi, en donnant à un citoyen le droit de rendre plainte, lui donne par conséquent les moyens de prouver les faits de la plainte. Le tribunal a fait application au défaillant de l'article 157 du Code d'instruction criminelle.

La Cour de cassation elle-même, à son audience du 20 juillet, a jugé le principe. Il s'agissait de témoins cités par un directeur des messageries à l'appui de sa défense; la Cour de Rouen avait déclaré leur audition *inutile*. On s'est fait un moyen de cassation de cette inaudition. La Cour, présidée par M. le comte Portalis, a prononcé dans les termes suivants :

« Attendu qu'aux termes de l'art. 175 du Code
« d'instruction criminelle, rendu commun aux
« Cours royales, par les dispositions du même
« Code, les Cours royales jugeant correctionnel-
« lement ont la faculté de permettre ou de refu-

« ser l'audition de témoins réclamée par le prévenu,
« selon qu'elles jugent que cette audition pourra
« être utile à la manifestation de la vérité;

« Attendu que, dans l'espèce, la Cour royale de
« Rouen, en refusant d'entendre les trois témoins,
« dont l'audition était demandée par le directeur
« des messageries, s'est déterminée par des motifs
« tirés *du fait* de l'inutilité de l'audition de ces
« témoins, et non par des *motifs de droit.* »

L'arrêt de la Cour royale de Paris du 15 juin est fondé tout entier sur des *motifs de droit.* Sa relation avec l'arrêt du [illegible] mai ne détruit pas le moyen.

ISAMBERT,

BARTHE,
GERMAIN,
PINET,
DAVID.

www.ingramcontent.com/pod-product-compliance
Ingram Content Group UK Ltd.
Pitfield, Milton Keynes, MK11 3LW, UK
UKHW022156190726
13855UKWH00004B/1499

9 782013 446594